DISCOURS POLITIQUES.

M. MICHEL (de Bourges).

PARIS.

DEGOUVE DENUNCQUES,

ÉDITEUR DE L'ALMANACH POPULAIRE

Rue Lepelletier, 3.

—

1840.

PARIS.—IMPRIMERIE DE CHARLES HINGRAY,
Rue Lepelletier, 3.

BANQUET RÉFORMISTE

DE LA CHATRE.

Une réunion imposante a eu lieu, le 1er novembre 1839, à La Châtre. Des patriotes du Cher, de l'Indre et de la Nièvre s'étaient donné rendez-vous dans cette ville, où les opinions démocratiques comptent un grand nombre de défenseurs, recommandables à la fois par leur indépendance, leur position sociale, leurs lumières et leur dévouement.

Cent vingt convives s'étaient fait inscrire pour assister au banquet qui a été présidé par M. Michel (de Bourges). Parmi eux, on remarquait des électeurs, des notaires, des avocats, des avoués, des médecins, des propriétaires, des négocians, et la réunion offrait ainsi le faisceau de tout ce qu'il y a de forces vives et d'intérêts sérieux dans la société.

Au dessert, M. Michel s'est levé, et, d'un ton profondément pénétré, il a adressé à l'assemblée une de ces admirables improvisations qui ont rendu son éloquence justement célèbre.

Vous connaissez, a dit M. Michel, l'objet de notre réunion : nous sommes venus à La Châtre de tous les points des trois départemens du Cher, de l'Indre et de la Nièvre pour vous exposer la situation de notre journal patriotique et aviser aux moyens de faire parvenir à la chambre des députés notre vœu touchant la réforme électorale.

L'existence de la *Revue* remonte à 1829. Sous la restauration, elle mérita les persécutions du parquet, et, depuis la révolution de juillet, elle a eu plus d'une fois à se défendre contre les attaques des gens du roi : toujours elle sortit victorieuse de la lutte. A l'apparition des lois de septembre, la *Revue* suspendit ses publications ; elle voulut savoir si ces lois *odieuses* seraient exécutées à la lettre, et quelle latitude serait laissée dans leur application aux journaux indépendans. Cette suspension, si fâcheuse à tant d'égards, eut néanmoins quelques avantages. La guerre de la presse avait été violente, les colonnes des journaux avaient été ouvertes aux récriminations, aux personnalités. Cette lutte avait eu le double inconvénient d'envenimer les haines nées des dissentions politiques et d'étouffer dans ce tumulte de passions désordonnées le cri de la justice et le flambeau de la vérité.

Quand la presse départementale nous vit désarmés, elle fit trêve à ses injures, et, chose remarquable, nous commençâmes à respirer sous des lois faites pour nous empêcher de vivre. Deux ans s'étaient ainsi écoulés dans le silence et le repos, lorsque les patriotes des trois départemens demandèrent que la *Revue* reprît ses publications. Nous cédâmes à ce vœu, et, le 1er novembre 1839, la *Revue* reparut sous la direction des mêmes hommes, sous l'influence des mêmes principes et pour l'acomplissement des mêmes desseins.

Tenir l'autorité en haleine par une surveillance sévère mais loyale, la contraindre par un contrôle de tous les jours et de bonne foi, à l'impartiale exécution des lois, poursuivre à ses risques et périls le redressement de tous les griefs, provoquer les mesures utiles, blâmer énergiquement, mais sans amertume, celles qui blessent l'intérêt public et particulier, éclairer le peuple sur ses droits, lui tracer la règle de ses devoirs, éviter les discussions de personnes, défendre les doctrines et les traditions de la révolution de 1789 contre les idées rétrogrades de 1814 et contre les idées stationnaires de 1830, voilà le but que les fondateurs de la *Revue* se sont proposé. Ont-ils atteint ce but? c'est à vous de juger.

Plus de 300 abonnés sont venus, en moins d'un an, témoigner de leurs sympathies pour les doctrines de la feuille démocratique. Si vous comparez ce chiffre à celui des abonnés des journaux du gouvernement, vous devez reconnaître que nous avons obtenu en bien peu de temps un résultat très satisfaisant.

La *Revue* n'est pas une spéculation mercantile; elle n'a donc pas intérêt à vous tromper sur sa situation. Ses trois cents abonnemens, grâce aux lois sur le timbre et sur la poste, ne suffisent pas à la dépense, si réduite qu'elle soit, de sa rédaction et de sa composition. Les secours que vous lui avez si généreusement accordés l'année dernière, vous les lui continuez, vous les lui continuerez toujours. Grâces vous soient donc rendues pour ce loyal concours. La *Revue* aime à vous offrir publiquement ses remercîmens ; votre exemple mérite d'être signalé au pays. Puisse-t-il avoir de nombreux imitateurs !

Quand le pouvoir consacre les millions du budget à subventionner une presse servile, menteuse et corruptrice, les citoyens accomplissent un devoir impérieux en s'imposant des sacrifices pour venir au secours de la presse indépendante. Autrement, qui éclairerait le peuple ? qui défendrait les citoyens ? qui assurerait le triomphe de la vérité et de la justice ?

Laissez périr la presse opposante des départemens, et vous verrez ce que deviendront les listes électorales, ce que deviendront les élections ! quel pays plus que le nôtre a besoin du secours de la presse ? où les citoyens ont-ils à lutter avec autant de persévérance contre la mauvaise volonté de l'autorité? où la confection des listes se fait-elle avec plus de partialité? où les manœuvres électorales sont-elles plus odieuses? où le trafic des consciences s'opère-t-il avec plus de cynisme? où les candidats ont-ils fait plus de promesses de tous genres aux électeurs? où l'argent, les places, les décorations, les subsides ont-ils été prodigués avec une plus scandaleuse libéralité?

Mais que peut la presse contre la corruption qui nous dévore? Que lui sert d'éclairer les intelligences si les cœurs sont gangrenés? La France est un pays de légalité : tout s'y fait par les lois; tout revêt la forme de la loi; le despotisme lui-même s'y établit sous des formes légales. Sur l s monnaies de l'an 14, on voyait, d'un côté, Napoléon, empereur, et la République de l'autre. Les projets les plus utiles, les conceptions les plus importantes, les sentimens les plus nobles, n'ont de force et d'influence qu'en descendant de la tribune; c'est le poids des corps graves qui se multiplie par la hauteur de la chute.

Ainsi s'expliquent naturellement les mécomptes de la révolution de juillet. Si le pouvoir législatif se fût montré digne de sa haute mission ; si, fidèle à son origine, fidèle aux traditions de nos pères, il eût pris exemple des masses qui se sont montrées au jour du combat pleines de désintéressement, de loyauté, de courage, n'en doutez pas, nous eussions fait un progrès immense dans la voie des libertés publiques, le respect des lois eût été assuré, les droits des citoyens garantis, récompense glorieuse des efforts d'une grande nation en faveur de la dignité humaine.

Jugez vous-mêmes de la conduite du pouvoir législatif par notre situation. Qui sommes-nous ? quelle place occupons-nous dans le monde politique ? quel est notre rang parmi les nations ? Où sont celles qui se glorifient de notre alliance, qui recherchent notre protection, qui redoutent sérieusement notre colère ? Et, au-dedans, où allons-nous ? où nous mène-t-on ? Est-ce à la liberté ou à la servitude ? Marchons-nous en avant vers la terre promise? ne retournons-nous pas vers cette Egypte du passé, avec ses misères, ses douleurs, ses humiliations?

Voyez autour de vous. Le clergé ne reprend-il pas son influence temporelle? Il l'a conquise sans combat; on la lui a offerte, il l'a acceptée, et il s'en servira bientôt contre les imprudens qui ont cru acheter ainsi son adhésion, ses sympathies et son concours. Et, si la légitimité de Charles X n'est pas encore maîtresse de la place, est-ce aux courageuses résistances de nos gouvernans que vous le devez? N'est-ce pas plutôt à la pudeur des consciences, à la sincérité des opinions, à la fidélité des dévouemens? Tout ce qu'on a pu flétrir, on l'a flétri; tout ce qui était vénal, on l'a acheté; tout ce qui était faible, on l'a ébranlé; tout ce qui était fort, on l'a brisé. Nous nous sommes trouvés ainsi, au bout de dix ans de paix, après une révolution glorieuse, en face d'un pouvoir composé d'hommes de tous les partis, de toutes les opinions, de tous les gouvernemens. Eh bien! le secret de toutes ces misères est dans l'histoire de nos législatures.

Je n'ai rien à vous apprendre sur les chambres qui ont précédé celle de 1838, mais celle-là, dont j'ai fait partie, je puis vous en parler en parfaite connaissance : je l'ai vue de près, je l'ai étudiée, et quoiqu'elle ait eu une courte existence, elle a vécu assez pour révéler au pays ses bonnes et ses mauvaises qualités. Ses bonnes qualités, je laisse à d'autres le soin de vous les dire. Vous savez le zèle ardent pour la prérogative parlementaire qui tout-à-coup s'est emparé d'elle ; vous savez les efforts inouïs tentés de tous côtés pour établir la prééminence de la chambre sur la royauté. Tout cela, au fond, n'était qu'une querelle de portefeuilles : le ministère du 12 mai l'a suffisamment prouvé ; c'était la lutte de ceux qui jouissent des douceurs du pouvoir contre ceux qui les avaient perdues ou qui ne les avaient point encore goûtées. En un mot, le vice dominant de cette chambre, c'était la corruption. Ce vice est héréditaire, à ce qu'il paraît. Je ne dis pas qu'il ait été légué à la chambre actuelle. Je connais la loi de 1822 et le pouvoir exorbitant qu'elle donne aux chambres de se faire justice elles-mêmes; j'ai appris à mes propres dépens combien il en coûte de mal parler des dieux (1). Lorsqu'une chambre est debout, on ne peut dire d'elle que du bien; quand elle est morte, c'est différent. Il en était ainsi des rois d'Egypte : on ne les jugeait qu'après leur mort. Je ne sais pas ce qu'ils gagnaient à cet ajournement.

La première fois que je mis le pied dans cette chambre de 1838, je rencontrai M. Montalivet. Nous nous connaissions de longue date. Il est, comme moi, membre du conseil général du département du Cher, et aux élections de 1829 il dirigeait en habit de pair la phalange des Jaubert, des Duvergier, qui depuis....

---

(1) L'honorable M. Michel (de Bourges), défenseur des accusés d'avril, a été condamné à un mois de prison et 10,000 fr. d'amende, pour avoir pris part à une protestation dans laquelle on contestait à la cour des pairs la légalité et la constitutionnalité de sa juridiction. Cette peine énorme lui a été infligée par la cour des pairs jugeant dans sa propre cause!

mais alors, nous, pauvres soldats débonnaires, nous suivions leur bannière libérale.

«Vous voilà donc enfin à la chambre, me dit-il. Si j'avais su que votre candidature à Niort fût sérieuse, vous n'auriez pas plus été nommé à Niort que vous ne l'avez été à Bourges depuis six ans, que vous ne l'avez été à Orléans cette année. — Vous faites, M. le ministre, une cruelle injure au patriotisme des électeurs de Niort; vous avez donc des moyens infaillibles d'empêcher une élection?» Il ne me répondit pas un mot, mais je vis errer sur ses lèvres un de ces sourires expressifs que je traduisis ainsi : Allez, vous êtes une bonne âme! Et depuis, en effet, j'appris de la bouche même d'un homme d'état, qui a plus d'une fois dirigé les élections, que le trafic des votes était, de toutes les habitudes gouvernementales, de toutes les traditions du pouvoir, celle qui se conservait le plus religieusement, avec le plus de persévérance.

Vous rappelez-vous un discours très remarquable prononcé par M. Duvergier de Hauranne dans la discussion de l'adresse de 1839? Le *Moniteur* rend compte d'un dialogue très court, mais très instructif, entre l'honorable orateur et M. de Montalivet. M. Duvergier de Hauranne reprochait au pouvoir tous les moyens de corruption qu'il avait employés aux élections précédentes. Il le fit en termes si incisifs, que M. Molé qualifia son discours de pamphlet. Cette apostrophe peu parlementaire n'arrêta pas M. Duvergier. Il continua à dérouler le tableau de toutes les turpitudes ministérielles. Impatienté, M. le ministre de l'intérieur l'interrompit tout-à-coup et lui dit : « Vous reprochez aux autres ce dont vous vous sentez capable. Vous jugez les autres d'après vous-même. — Vous savez bien, répondit M. Duvergier, que je n'ai jamais été ministre. — Oui, mais vos amis l'ont été. »

La vérité est dans ce dialogue. Depuis 1830, tous les ministères qui se sont succédé ont fait des élections à l'aide de la corruption, et malheureusement, tous, à des degrés différents, ont réussi.

Aussi, il fallait voir de quelle manière les 459 honorables étaient traités par les anciens ministres. Les ministres qui sont en exercice, ayant besoin de la chambre, la ménagent, lui font mille caresses, mille compliments. La sagesse, la prudence, la fermeté, le dévouement, tout se trouve réuni au plus haut degré dans l'assemblée qui les écoute et qui les juge. Attendez un revirement de ministère, et vous verrez ce que deviendront ces apologies intéressées! C'est une réunion d'épiciers, dit l'un; c'est un dépôt de mendians affamés, dit l'autre. Que faire, que tenter avec une assemblée de trembleurs, de peureux, d'ignorans, répètent-ils tous en chœur?

Quand la loi sur les chemins de fer eut été votée, je vis tout-à-coup deux cents membres ouvrir bruyamment leurs pupitres et se mettre à écrire. « Qu'est-ce donc, demandai-je à l'un de mes collègues de gauche? — Ils écrivent, me répondit-il, à leurs femmes, à leurs enfans, à leurs amis, qu'on vient de voter la plus belle loi dont la France ait jamais été dotée; ils sont tous intéressés dans les compagnies concessionnaires. »

Ce mal si profond dont le pays est victime, n'en sommes-nous pas les auteurs, n'en sommes-nous pas les complices ?

Qui a fait la révolution de juillet ? Le peuple. Qui a brisé le sceptre de Charles X? Le peuple. Qui a chassé les habits rouges, gardiens mercenaires, mais fidèles du poste confié à leur courage? Le peuple. Qui a combattu, qui s'est fait tuer, qui a vaincu dans les trois grandes journées? Le peuple. Qui a mis le pouvoir aux mains des classes moyennes si jalouses de le conserver? Qui veillait, le 1er août 1830, sur le perron de l'Hôtel-de-Ville, à la sûreté du gouvernement provisoire ? Le peuple. N'est-ce pas encore le peuple qui montait la garde au Palais-Royal dans les premiers jours de la révolution ?

Si le peuple a fait la révolution de juillet, la gloire et les profits de cette révolution lui appartiennent. Je ne veux pas examiner si on lui en conteste la gloire. En fait de gloire, je l'avouerai, nos gouvernans ne sont pas jaloux ; mais les profits réels de la révolution, qui les a recueillis ? qui les possède ? qui en jouit ?

Que le peuple est ingrat, disent les

sycophantes du pouvoir! que veût-il donc le peuple? n'a-t-il pas une assez large part de la puissance publique? ne nomme-t-il pas ses conseillers municipaux? n'est-il pas garde national? n'a-t-on pas consacré deux millions à ouvrir des écoles primaires? si du moins, il exerçait les droits qu'on lui a conférés, s'il profitait des bienfaits dont on l'a si libéralement gratifié! mais il ne se rend pas même aux élections et ses enfans n'apprennent pas à lire.

Non, cela n'est pas suffisant; non, ce partage n'est pas équitable; non, le peuple n'est pas satisfait d'être électeur municipal, départemental et même officier de la garde nationale en vertu de votre bon plaisir. Il prétend que ces droits, il ne les tient pas de vous, que vous êtes sans qualité pour l'en gratifier et pour en régler l'exercice. Les deux millions que vous donnez aux maîtres d'école de ses enfans, il prétend que vous les prenez dans sa poche avec une multitude d'autres millions que vous appliquez exclusivement à votre singulier profit. Il dit que vous posez mal la question

Quelle est, en effet, la question entre vous et le peuple? C'est que vous, minorité imperceptible de deux cent mille électeurs, vous vous prétendez les souverains de la France; et, lui, il prètend que le souverain de la France, c'est la nation, et que la nation, c'est vous et lui, et non vous sans lui. Si vous dites le contraire, il vous priera d'exhiber vos titres de souveraîneté, et, si vous contestez les siens, il vous renverra à l'histoire des trois journées, que l'un des vôtres a oublié d'écrire, quoiqu'il en eût reçu la mission spéciale et sacrée. Il vous montrera les blessures reçues par ses enfans en face du Louvre, des Tuileries, de l'Hôtel-de-Ville, de la caserne de Babylone; il fera le dénombrement des six mille citoyens immolés aux fureurs de la guerre civile, il les appellera tous par leur nom, vous reconnaîtrez les vôtres, il reconnaîtra les siens, et si le courage, le dévouement et l'intrépidité font le droit, nous verrons où le droit réside!

Si donc la conquête de juillet appartient au peuple, il ne reste plus qu'à chercher quelle est cette conquête. Or, cette conquête, c'est la souveraineté. Je défie qu'on assigne un autre but à la révolution de juillet. Chasser une famille qui règne sans lui en substituer une autre, c'est évidemment demander la souveraineté pour soi. Ainsi faisait le peuple aux trois grandes journées. Je n'ai lu nulle part, je n'ai entendu dire par personne que, pendant le combat, on ait essayé de proclamer un autre souverain.

La souveraineté est donc restée entre les mains du peuple, d'où l'ambition, la ruse et la trahison l'avaient fait sortir depuis trente ans. Or, qu'est-ce que la souveraineté, si ce n'est le droit de faire des lois? Le peuple souverain n'est pas celui qui jouit de tels ou tels priviléges, de tels ou tels droits; c'est celui qui fait la loi à laquelle il est soumis. Laissez les sophistes salariés, les ténébreux et subtils métaphysiciens, argumenter à leur aise contre le sens vulgaire des mots, contre les enseignemens traditionnels de l'histoire; tenez pour constant que le signe distinctif du souverain réside dans la puissance de faire la loi. Cela est vrai dans toutes les langues et sous toutes les formes de gouvernement. Il y a un souverain en Russie, c'est Nicolas Ier, le tyran de la Pologne ; il y a un souverain en Prusse, en Allemagne ; les Etats-Unis ont aussi leur souverain : là, c'est un homme qui fait la loi, il est souverain ; ici, c'est le peuple, le peuple est souverain.

Qu'avons-nous fait après la révolution de juillet? Au lieu de reconnaître ce droit, le droit de la souveraineté de la nation, de le proclamer, de le sanctionner, de le mettre en action, nous avons écrit dans nos codes que désormais 200,000 citoyens seraient exclusivement appelés à faire la loi. Ainsi, sur 35 millions d'hommes dont la nation se compose, quatre à cinq millions jouissent du privilége odieux d'imposer des lois aux trente autres millions. Ainsi, en France, après deux révolutions scellées du sang du peuple, il s'est trouvé encore des maîtres et des esclaves. Le nom ne fait rien à la chose : vous avez beau le décorer du titre pompeux de citoyen, celui qui obéit à la loi qu'il n'a pas faite est, en réalité, un esclave. Et, ce qu'il y a de plus odieux dans cette tyrannie, c'est que cet esclave, ici, n'est pas un étranger que le sort de la guerre a fait tomber en vos mains, que vous pouviez tuer, comme l'a écrit si élégamment le hollandais Grotius, et à qui vous conservez la vie aux conditions qu'il vous plaît de lui imposer. Non, cet esclave, c'est un homme né en France, allaité, nourri, élevé en France ; qui combat pour la France quand elle est attaquée ; qui verse son sang pour vos libertés quand elles sont menacées ; qui a connu vos pères esclaves comme lui il y a deux jours ; qui n'a point forfait à l'honneur, mais à qui la fortune a refusé un cens de 200 fr. d'impôt.

Voilà ce que nous avons proclamé dans la fameuse loi électorale du 19 avril 1831 : l'honneur, la probité, le désintéressement, la capacité, les lumières, l'intégrité, tout ce qui fait le citoyen, tout ce qui rend un homme digne de ce beau titre, de tout cela, on ne s'en est nullement occupé. On a dit que tout cela se révélait et se garantissait par un impôt de 200 francs !

Que nous avons été cruellement punis de cette erreur, si ce ne fut là qu'une erreur! Je vous ai dit déjà ce que je pense des différentes législatures enfantées par cette loi. Mais des colléges électoraux qu'elle institue, pourrai-je jamais vous en dire tout ce que vous en pensez vous-mêmes! Où sont les colléges dont la majorité ne se soit vendue au moins une fois au pouvoir depuis 1831? Jetez les yeux autour de vous. Rappelez dans votre esprit les noms des électeurs qui ont concouru avec vous aux élections. Celui-ci a vendu son suffrage pour un peu d'or, celui-là pour un ruban, cet autre, au prix d'une place pour lui, d'une bourse pour ses enfans, d'un bureau de tabac pour sa femme. Je veux une concession de mine, dit ce riche capitaliste. — Votez pour moi et vous l'aurez. — Le juge de paix de mon canton est mort, dit ce grand propriétaire, je voudrais le remplacer. — Votez pour moi et vous serez juge de paix. — Mon parent est mort jeune; il laisse une femme et des enfans en bas âge; ses services ne lui donnent pas de droits à une pension. — Votez pour moi et vous aurez une pension, et la veuve touchera plusieurs années d'arrérages, et la pension sera reversible sur la tête des enfans. — Et ce groupe de bons paysans, que lui dit donc cet homme empressé? Vous habitez un pays perdu, c'est fâcheux; le sol est fertile, mais vous manquez de débouchés; un chemin de communication vous irait bien : votez pour moi et vous aurez ce chemin. L'imagination la plus féconde ne suffirait pas à l'énumération de toutes les promesses sous l'influence desquelles se sont formées la plupart des majorités dans les colléges électoraux. Et quand le député eut compris que l'électeur vendait son suffrage, il se dit à lui-même : Le député étant la créature de l'électeur, il doit être de tout point sa vivante image; l'électeur vend son suffrage, pourquoi ne vendrais-je pas ma voix? La différence est dans le prix : le principe sera le même.

Hâtons-nous de revenir aux principes de l'éternelle justice; que les lois auxquelles la nation tout entière doit obéir soient un reflet de la conscience nationale. Surtout, soyons vrais; s'il y a des ilotes parmi nous, ayons le courage de le proclamer hautement; nous les enivrerons aux jours de fête, et nos enfans courront sus. Si nous sommes tous citoyens d'un état libre, que chacun de nous soit consulté sur ce qui intéresse la cité. Les voix seront comptées et le vœu de la majorité sera la loi. Qui pourrait alors ne pas courber la tête sous le joug salutaire des lois? Où serait l'excuse des factions, le prétexte de la révolte, la raison des insurrections?

Mais cette portion la plus considérable de la nation pour laquelle nous réclamons le droit de faire la loi, est-elle capable d'exercer ce droit? Y a-t-elle intérêt?

Le peuple n'a jamais aspiré à l'honneur de faire la loi. Le peuple ne s'en fait point accroire. Et lors même que sa capacité ne serait pas douteuse, il renoncerait encore à faire la loi dans un pays comme le nôtre, à cause de l'impossibilité de recueillir et de constater authentiquement les suffrages. La nation française n'a jamais demandé à exercer elle-même le droit de faire la loi ; ce qu'elle a voulu toujours, ce qu'elle veut encore en ce moment, c'est le droit de déléguer ses pouvoirs à des citoyens librement choisis par elle.

Or, pour exercer utilement ce droit, deux choses sont nécessaires, l'intelligence et la probité.

Faudra-t-il discuter sérieusement la question de savoir si le peuple est intelligent et honnête? Est-ce que la manière dont les classes privilégiées ont usé du droit d'élire ne rend pas désormais cette discussion oiseuse? Admettez que le peuple soit corrompu; le sera-t-il plus que les grands? le sera-t-il plus que certaines classes moyennes? Supposez que le peuple soit ignorant; son ignorance sera-t-elle plus grossière que celle de la majorité des colléges électoraux? que celle de la majorité des représentans de la nation? peut-il faire des choix pires? pouvons-nous avoir une représentation moins digne, moins courageuse, plus égoïste?

Cet homme que vous voyez là-bas courbé vers la terre, qu'il arrose de ses sueurs du lever de l'aube au coucher du soleil, quel est-il? c'est un homme du peuple. Cette terre qu'il remue avec une si courageuse patience lui appartient donc? non; elle appartient à un autre qui dort pendant qu'il veille, qui se repose pendant qu'il travaille. Et ces fruits qui pendent aux arbres, si frais et si beaux, sont-ils destinés à étancher sa soif? S'il a soif, l'homme du peuple, l'eau des torrens est là, qu'il s'y abreuve. Et ces épis dorés, tombés sous sa faucille, qu'il ramasse sous les feux d'un ciel ardent avec un soin si religieux, les déposera-t-il dans ses greniers? Il n'en entrera pas un seul grain dans le pain noir qui doit nourrir sa famille.

Vivre de privations au sein de l'abondance et du superflu; vivre de travail à côté de l'oisiveté qui jouit et consomme; être honnête quand, en apparence au moins, on aurait tant d'intérêt à ne l'être pas, je le demande à toutes les âmes religieuses, à tous les cœurs droits, à toutes les intelligences que l'égoïsme n'a point obscurcies ou dépravées, n'est-ce pas là de la probité? n'est-ce pas là de la moralité?

Est-il plus difficile de constater la profonde intelligence des masses? Ouvrez l'histoire de tous les temps, l'histoire de notre révolution; consultez l'autorité de tous les publicistes; si le peuple était moins intelligent, il serait plus facile à corrompre; on redouterait moins son intervention dans les élections. Mais le moyen de faire pénétrer la corruption au cœur de toute une nation! le moyen de séduire deux millions de consciences! Si le peuple est stupide, que vous font les acclamations dont vous vous montrez si jaloux? Si le peuple est sans intelligence, que vous font ses hommages, que vous provoquez, que vous mendiez? Qu'il serait beau, en effet, qu'il serait glorieux de commander à trente millions d'hommes sans foi, sans pudeur, sans conscience! Non, ce n'est pas le peuple qui est vil, corrompu, inintelligent; ce n'est pas la bassesse du peuple qui inspirait à Tibère lui-même un si profond dégoût!

Mais le peuple a-t-il intérêt à s'occuper d'élections? En d'autres termes : les affaires publiques sont-elles ses propres affaires? Les lois à la confection desquelles il veut concourir l'atteignent-elles dans sa personne, dans ses biens, dans son existence?

Pour donner quelque saveur aux alimens grossiers dont il se nourrit, le peuple y mêle un peu de sel. Le sel, c'est un peu d'eau avec un peu de soleil.

Or, il existe une loi sur cette matière; cette loi crée sans doute sur tous les points du territoire de grands entrepôts de sel où le peuple pourra se procurer à bas prix ces biens si simples et si faciles? non. La libéralité de la Providence est devenue, entre les mains des législateurs du privilége, une spéculation fiscale. Le peuple achète les gouttes d'eau de l'Océan au prix des perles les plus fines; l'impôt du sel produit des millions. Et vous demandez si le peuple a intérêt à discuter de pareilles lois!

Nous vivons au milieu de nations amies qui, pour nous témoigner leurs bonnes dispositions, entretiennent à grands frais une armée de 200 à 300,000 hommes, toujours prêts à nous envahir. On est convenu d'appeler cela l'état de paix. Que faire? — Se défendre, opposer la force à la force, des soldats à des soldats.

Si des soldats sont nécessaires, une loi devra déterminer dans quelle classe de la société il faudra les prendre, l'âge auquel ils seront appelés, la durée et les conditions du service, les motifs légitimes d'exemption. Cette loi, on l'a faite, on la pratique tous les ans. Sur qui pèse-t-elle ? Sur ceux qui l'ont faite apparemment, puisque, en définitive, la force armée étant destinée à protéger le territoire, ceux qui possèdent le plus sont les plus intéressés à conserver et doivent faire le plus de sacrifices? Eh bien, non! Quiconque a le moyen de distraire de son patrimoine ou de son revenu une somme de 1,000 francs, peut se dispenser et se dispense en réalité de l'obligation par trop plébéïenne de défendre la patrie; il laisse ce soin à d'autres, il se fait remplacer. Les enfans des riches consacrent les belles années de la jeunesse à voyager, à s'instruire, à se créer un état, des positions, une fortune. Où trouve-t-on les soldats pour défendre la frontière et faire la police dans l'intérieur? Au sein des familles pauvres. On arrache ainsi des enfans à leurs pères précisément à l'âge où ils allaient, par leurs travaux, les dédommager des sacrifices faits pour leur nourriture et leur éducation; et l'on confie la défense du pays, de sa gloire, de son honneur à ceux-là même qu'on prétend n'avoir aucun souci de ses grands intérêts.

Examinez dans un esprit d'impartialité toutes les lois de finances ; c'est sur le peuple que pèsent tous les impôts : impôt du vin, impôt du tabac, impôt des poudres, impôt du timbre, impôt des mutations successorales, impôt des frais de justice. Et les lois de douanes, faites par le priviliége en faveur du privilége, sur qui retombent-elles avec le plus de pesanteur, si ce n'est sur le peuple? L'impôt foncier lui-même est supporté principalement par cette classe de citoyens à qui l'on conteste le droit de discuter le budget.

Je ne veux pas pousser plus loin ces réflexions. J'en ai trop dit pour ceux qui aiment sincèrement le peuple, je n'en dirais jamais assez pour les autres. Je me résume en trois mots. Le droit de choisir ses députés appartient au peuple : le peuple a le plus grand intérêt à exercer ce droit ; il est éminemment capable de l'exercer. Reste à savoir comment nous lui en procurerons les moyens.

Irons-nous courir les chances d'une nouvelle révolution? Grâce au ciel, cela n'est pas nécessaire. La réforme électorale est à l'ordre du jour. Tous les esprits sérieux s'en occupent, toutes les âmes honnêtes la désirent, tous les cœurs généreux y travaillent. Nous l'obtiendrons. Quand une idée de justice germe dans les consciences, le souffle de la providence qui doit la féconder ne se fait pas attendre. Que faut-il donc faire? Constituer partout des comités réformistes; recueillir l'expression de toutes les volontés favorables à la réforme; prendre la signature des citoyens qui savent écrire, faire constater par les maires de bonne volonté le vœu des citoyens illétrés, et, en cas de refus du maire, recourir à l'authenticité des actes notariés; en un mot, prendre tous les moyens légaux de constater solennellement le vœu national, et transmettre ensuite ce vœu à la chambre des députés.

Telle est l'agitation pacifique à laquelle nous venons vous convier. Quand un million de citoyens demanderont régulièrement l'entrée des colléges électoraux, le pouvoir fera d'abord la sourde oreille. S'ils reviennent à la charge avec une nouvelle insistance, l'autorité sera émue, mais ne cédera point. Enfin, si, toujours plus nombreux, toujours plus persévérans, ils se présentent une troisième fois, toutes les portes des colléges s'ouvriront devant eux. Les catholiques irlandais siégent au parlement de la Grande-Bretagne ; il n'y a plus de bourgs-pourris en Angleterre ni de grands colléges en France. Rien ne résiste à la justice. L'important, c'est de vouloir ce qui est juste, de le vouloir à propos, de le vouloir fermement.

Les derniers vestiges de la servitude personnelle sous laquelle nos pères ont gémi pendant quatorze siècles disparurent devant la toute-puissance de la révolution de 1789, révolution glorieuse entre toutes les révolutions. Que la révolution de 1830 se légitime aussi et se glorifie aux yeux de la postérité, en effaçant, par la réforme électorale, les dernières traces du servage politique imposé depuis quarante ans à trente millions de citoyens.

RÉUNION DES ÉLECTEURS

DU 5e ARRONDISSEMENT DE PARIS.

Les électeurs du 5e arrondissement de Paris avaient à nommer un député, en remplacement de M. Eusèbe Salverte. Une réunion eut lieu dans la salle du Wauxhall pour entendre les candidats qui se présentaient aux suffrages de leurs concitoyens. Cette assemblée était nombreuse et imposante, et, ce qui frappera tous les esprits attentifs à la marche de l'opinion, aucun candidat n'y représentait le système et les maximes du gouvernement. Des deux partis qui s'y sont trouvés en présence, l'un représentait le progrès timide, l'adjonction des capacités, ce qu'on pourrait appeler l'extension du privilége et une réforme suffisante si la nation française ne se composait que de quelques milliers de familles; l'autre parti personnifiait, en quelque sorte, dans la puissante individualité de Michel (de Bourges), les aspirations et les droits de tout le peuple français à un système plus équitable de représentation et de gouvernement. Les deux partis rendaient donc témoignage des progrès de la raison publique; mais, le premier manquait de logique : s'appuyant, de son propre aveu, sur la souveraineté nationale, il ne puisait, en réalité, ses argumens que dans l'esprit et les dispositions de la charte octroyée de 1814; tandis que le second, debout sur la base immuable des principes, faisait appel à la conscience, aux sympathies, à l'histoire et aux droits de la nation.

La parole ayant été donnée à M. Michel, l'éloquent avocat s'est exprimé ainsi au milieu d'une religieuse attention :

Il y a trois jours à peine, j'ignorais encore que je serais appelé au périlleux honneur de briguer vos suffrages; et cet honneur, je ne l'eusse point accepté sans une circonstance qui a quelque solennité, j'en conviens, mais qui est aussi pleine de tristesse. Je savais la perte irréparable que vous avez faite ; je m'étais associé à votre douleur, à la douleur de la France, et ce n'est pas par forme oratoire que je demande la permission de commencer avant tout par payer mon tribut d'hommages et de regrets à la mémoire d'Eusèbe Salverte. (Très bien ! très bien !)

Et qu'avais-je besoin, en effet, de me mêler à cette lutte si difficile et si glorieuse ? Tous mes honorables concurrens n'appartiennent-ils pas à l'opposition ? ne suis-je pas moi-même de l'opposition ? n'ai-je pas concouru naguère de mon vote au triomphe de l'opposition ? n'ai-je pas fait partie de cette coalition qui a renversé le ministère du 15 avril ? Voilà ce qui m'eût confirmé dans le dessein de refuser la candidature du 5e arrondissement, si nous nous trouvions dans une situation ordinaire, si la question était posée entre le ministère et l'opposition ; mais le ministère ne s'engage pas dans la lutte, ostensiblement au moins ; l'opposition n'attaque pas le ministère ; deux nuances de l'opposition sont en présence. La gauche est en conflit avec l'extrême gauche ; ce sont deux systèmes opposés qui se rencontrent peut-être pour la première fois sur le terrain de l'élection. A ce point de vue, la question s'agrandit, l'intérêt s'accroît, la lutte devient importante, le pays veut savoir à quoi s'en tenir enfin sur la pensée et la volonté dernière de l'opposition. (Assentiment.)

Si l'opposition dynastique persiste dans sa marche timide, mais habilement calculée, afin de prendre la place du ministère du 12 mai et suivre ses erremens, comme le ministère du 12 mai a pris la place et suit les erremens du ministère du 15 avril, je ne crains pas de le dire, la lutte où elle s'est engagée est indigne d'elle et du pays ; elle sera stérile dans ses résultats comme elle est vaine dans son but : à des hommes impuissans succèderont des hommes impuissans, et l'impuissance des hommes révèlera de plus en plus l'impuissance des institutions. Je le répète donc, si c'est là toute la question entre mes honorables concurrens et moi, entre les diverses opinions de ce collége électoral, nous perdons tous ici notre temps : le nom qui sortira de l'urne sera toujours suffisant pour concourir à une pareille mission ; mais, s'il faut nous prononcer sur une question solennelle, de principes, qui implique toutes les autres questions, qui prenne sa solution dans le passé de notre histoire révolutionnaire et projette ses conséquences ultérieures sur tout l'avenir de la France, alors je comprends l'empressement de mes honorables concurrens, la légitimité de leurs efforts ; je conçois l'intérêt de la lutte et je demande qu'il me soit permis d'y prendre part. Or, cette question grave, importante, solennelle, pleine d'avenir, elle existe, elle occupe tous les esprits ; elle est posée devant vous. Le pays vous en demande la solution ; cette solution sortira de l'urne électorale du 5e collége de Paris : désormais elle est attachée au nom du député que vous aurez choisi et proclamé. Vous l'avez compris, Messieurs, je parle de la réforme électorale.

Deux systèmes sont en présence : l'un considère le droit d'élire les députés comme une faveur de la loi, un bienfait de la constitution, comme un privilége ;

il veut maintenir ce privilége en l'étendant à quelques nouvelles exceptions. C'est la consécration du privilége électoral par l'augmentation du nombre des privilégiés. L'autre système considère le droit de nommer les députés comme un droit préexistant à toute loi, à toute constitution ; comme un droit inhérent à la qualité de citoyen, et de l'essence de toute association privée ou publique, civile ou politique : ce système prend le droit d'élire comme le droit commun des citoyens français, auxquels il n'apporte pour limites que les restrictions d'âge, de sexe, de conditions admises par le consentement unanime des peuples civilisés. Telle est la véritable question de la réforme électorale, tels sont les deux systèmes entre lesquels il faut que le pays se prononce, et vous tout d'abord, messieurs les électeurs du 5e arrondissement.

Nous sentons tous la nécessité d'une réforme électorale ; toutes les nuances de l'opposition proclament cette nécessité. Pourquoi ? que veulent dire ces mots réforme électorale, sinon : La marche du gouvernement est mauvaise, le gouvernement néglige nos intérêts au dedans et compromet notre dignité au dehors ? Hier, anniversaire de la bataille d'Austerlitz, on recevait la nouvelle qu'un chef de barbares avait battu la grande nation. (De toutes parts : Bravo! bravo ! Applaudissemens prolongés !) Je dis que, proclamer la nécessité de la réforme électorale, c'est reconnaître nécessairement que ce qui est est mal. Je ne dis pas que tout ce qui est soit mal, je dis que la marche générale est mauvaise, que la dignité nationale à l'extérieur n'est pas suffisamment garantie ; car, je ne saurais trop le répéter, la question de l'extérieur, c'est la question vitale ; c'est par l'extérieur que vous êtes une grande nation, une glorieuse nation ; c'est par là que, durant cinquante ans, vous avez marché à la tête de la civilisation, que vous avez donné l'impulsion à la civilisation, et vous devez continuer cette noble mission qui vous a faits ce que vous êtes ; mais, pour cela, il faut qu'on vous respecte : on ne suit que ceux qu'on respecte. (Très bien! très bien !)

Le mal existe donc, il est senti par

tous, il est senti profondément ; mais le mal a sa cause ; il ne s'agit pas de s'aveugler soi-même, il faut oser sonder l'abîme, il faut avoir le courage de chercher la vérité, de la reconnaître et de la proclamer hautement ; la cause du mal, je l'ai dit dans une occasion récente, et personne ne s'est encore avisé de me contredire sérieusement, la cause du mal est dans la chambre des députés. Mais la chambre des députés, c'est l'expression vivante, l'image fidèle des colléges électoraux : donc le mal a sa source première dans les colléges électoraux ; donc la réforme doit frapper sur les colléges électoraux, et le remède doit être héroïque, car le mal est profond. Qu'on ne me parle pas de demi-mesure, de terme moyen, de palliatif ; qu'on ne me parle pas surtout de je ne sais quelles prétendues capacités. Nous avons assez de capacités en France, c'est du cœur et des entrailles qu'il nous faut ! (Très bien ! Bravo ! bravo ! Applaudissemens prolongés. — L'honorable orateur est obligé de s'interrompre un instant pour donner à l'assemblée le temps de se calmer.)

Examinons avec impartialité les deux programmes qni se disputent vos suffrages. La réforme de la gauche dynastique contient une longue nomenclature de nouveaux privilégiés : des magistrats, des notaires, des avocats, des médecins, des avoués, des membres de certains conseils municipaux, des officiers de la garde nationale. La réunion de toutes ces capacités nouvelles doublerait, à peu près, le nombre des électeurs actuels. C'eût été quelque chose sous la restauration : c'est bien peu, ce n'est rien depuis la révolution de juillet. Sous la restauration, au point de vue de la charte octroyée en 1814, le droit électoral, étant une concession du pouvoir royal, toute extension de ce droit était un bienfait. La souveraineté nationale, conquise par la révolution de 1830, ayant fait du droit d'élire un droit de cité, toute restriction apportée à ce droit est un attentat à la souveraineté quand elle n'est pas justifiée par l'une de ces nécessités sociales dont je vous ai déjà entretenus.

Et, d'ailleurs, n'avons-nous pas fait l'épreuve du système restrictif? Mille francs pour les grands colléges, 300 fr. pour les petits, voilà le cens électoral de la restauration. Qu'a produit ce système ? un malaise continuel pendant 15 ans, et, à la fin, l'explosion révolutionnaire. La loi du 19 avril 1831 admit un cens unique de 200 fr. Et voyez l'empire des habitudes ! dans la discussion de cette loi, un éloquent orateur s'écriait, avec une naïve confiance : « Ayons des électeurs à 200 fr., et de long-temps la France libérale n'aura rien à désirer. » Vous savez ce que sont devenues ces prédictions. Il fallait donc se condamner à d'éternels mécomptes, fouler aux pieds les leçons de l'expérience en renouvelant un essai si souvent infructueux, si souvent funeste, ou chercher les garanties de la capacité électorale ailleurs que dans le bordereau des impositions.

Or, qu'exigeons-nous de l'électeur ? L'indépendance, c'est la moralité qui la donne ; la capacité, c'est l'intelligence qui la produit : moralité, intelligence, voilà les deux qualités essentielles de l'électeur ; il faut, de plus, qu'il ait un intérêt réel à la chose publique. Où trouverons-nous toutes ces conditions réunies ? Si vous vous adressez aux classes diverses de la société, vous trouverez partout des électeurs dignes et des électeurs indignes ; vous trouverez partout des hommes riches prêts à se vendre et des hommes pauvres inaccessibles à la corruption ; vous trouverez des intelligences éclairées, sans vigueur, sans consistance, sans dignité, et des esprits ignorans pleins de loyauté, de fermeté et de droiture. Tous les états, toutes les professions, toutes les situations sociales et politiques, vous fourniront des exemples sans nombre de ces contrastes, de ces oppositions entre la fortune et les sentimens, entre le cœur et la tête, entre l'intelligence et la volonté.

Mais, s'il existait une institution dans le sein de laquelle toutes les classes de la société fussent habituées, depuis longues années, à se rencontrer, à se mêler, à se confondre ; si cette institution, contemporaine de la révolution de 1789, s'était associée, depuis 50 ans, à toutes les destinées de la liberté, expirant avec elle, ressuscitant avec elle ; calme et impassible au milieu de l'effervescence des partis, unissant à l'obéissance courageuse du soldat en face de l'étranger le dévouement intelligent du citoyen en face du pouvoir, dévouée à la liberté contre la tyrannie, à l'ordre contre l'anarchie, cette institution ne nous fournirait-elle pas naturellement le cadre le plus parfait d'un système électoral?

Cette institution existe, Messieurs, elle est debout, elle accomplit tous les jours sa tâche glorieuse. Arbitre souverain entre le pouvoir et les factions, où elle est là est la puissance; où elle n'est plus, là éclate la faiblesse. Elle protégea la Constituante, elle préluda à la chute de la restauration par l'abstention du sergent Mercier à la chambre des députés, et par l'énergie de ses protestations sous les fenêtres de l'hôtel de Rivoli; elle inaugura le pouvoir nouveau au 7 août 1830. Je ne parle pas des événemens récens. Jetons un voile sur les malheurs de la guerre civile.

C'est donc avec raison qu'ayant à poser la formule d'une réforme électorale, large, complète, féconde, le comité Laffitte s'est arrêté à l'institution qui offrait à l'ordre et à la liberté les garanties que l'on est en droit d'attendre de toutes les classes de la société dont elle est indistinctement composée. De là cette formule : tout garde national est électeur.

Est-il nécessaire de défendre ce programme si simple contre toutes les attaques dont il a été l'objet dans ces derniers temps, et plus particulièrement depuis que l'un de vos candidats a été chargé d'en assurer le triomphe devant vous? On dit que je suis un révolutionnaire, que voter pour moi c'est voter pour une révolution, que la réforme du comité Laffitte amènera nécessairement une révolution.

Je ne me défendrai point sérieusement contre cette banale accusation de révolutionnaire, je ne comprends pas ce que j'aurais à gagner à une révolution, et je vois très distinctement ce que j'aurais à y perdre. Non, je ne suis point un révolutionnaire : je suis un homme de progrès possible, de progrès pratique ; je veux que le banquet civique s'agrandisse, qu'on y admette le plus grand nombre de convives ; je suis du côté des masses parce qu'elles n'ont pas obtenu justice ; tant qu'elles ne réclameront que ce qui est juste je serai avec elles, j'élèverai la voix, je combattrai pour elles, comme aussi le jour où elles deviendraient factieuses, tyranniques, anarchiques, je me séparerais d'elles avec éclat et leur ferais bonne guerre.

Le comité Laffitte n'a pas besoin de mes apologies. Ici les noms parlent assez haut. Faites croire au pays que les Lafffitte, les Arago, les Dupont (de l'Eure) sont des révolutionnaires, persuadez-lui que les premiers ministres de la révolution de juillet en sont venus à désirer une révolution nouvelle! Que gagnerez-vous à la propagation de ces calomnies? Mais quoi! appeler la garde nationale à l'honneur de nommer des députés, c'est couver une révolution! — La garde nationale est donc révolutionnaire? Mais alors que signifient les pompeux éloges prodigués à cette institution? Que signifient ces magnifiques ordres du jour où l'on proclame avec tant d'emphase le dévouement de la garde nationale à l'ordre public? Que signifie cette intelligence des baïonnettes naguère si vantée? que signifie cet article de la charte de 1830, où tous les droits quelle consacre sont confiés au patriotisme et au courage des gardes nationales? Expliquez-vous, prenez garde que vos attaques ne dépassent le but, et que dans votre haine aveugle vous n'alliez en voulant frapper le comité Laffitte blesser au cœur des hommes dont le concours a fait jusqu'ici votre force.

Non, nous ne sommes pas des révolutionnaires. Nous voulons un pouvoir fort et respecté, nous voulons des lois puissantes, des lois auxquelles les têtes les plus fières puissent se soumettre sans humiliation avec l'orgueil légitime de l'homme qui exécute sa propre volonté. Or, là où tous concourent, obéir à la majorité, c'est s'obéir à soi-même. Les lois que la force ou la prudence seules exécutent ne sont ni salutaires dans leur influence, ni stables dans leur durée. Il n'y a de salutaire, il n'y a de durable que ce qui est légitime : il n'y a de légitime en morale et en législation que ce qui est consacré par la conscience publique. (Adhésion.)

J'ai dit que nous ne sommes pas des révolutionnaires : j'aurais dû dire que nous ne sommes pas même des novateurs. Nous sommes les enfans de nos pères, nous suivons les traditions glorieuses de la plus pacifique de nos assemblées nationales, de la Constituante. Oui, Messieurs, cette formule qui épouvante si fort nos adversaires, en apparence au moins : tout garde national est électeur ; cette consécration du droit d'élire le législateur par le devoir de faire respecter son œuvre, ce n'est pas nous qui l'avons trouvée : elle est tout au long écrite dans les décrets de l'immortelle assemblée, c'est l'esprit qui anime toutes les lois constitutives de la garde nationale.

« Tous les citoyens actifs, disait le décret du 12 juillet 1791, qui voudraient conserver *l'exercice des droits attachés à cette qualité* seraient tenus d'inscrire leur nom chacun dans la section de la ville où ils seraient domiciliés ou à l'hôtel de la commune, *sur un registre qui y serait ouvert à cet effet pour le service des gardes nationales.* »

« Les citoyens actifs, disait le décret du 29 septembre 1791, s'inscriront pour le service de la garde nationale sur les registres qui seront ouverts à cet effet dans les municipalités de leurs domiciles. *A défaut de cette inscription, ils demeureront suspendus de l'exercice des droits que la constitution attache à la qualité de citoyen actif.* »

Vous voyez la liaison et l'harmonie des idées. Voulez-vous être citoyen actif, soyez garde national. Voulez-vous vous soustraire aux obligations de garde national, vous cesserez d'être citoyen actif. Quoi de plus juste? quoi de plus raisonnable? Si le citoyen actif concourt à la confection de la loi, et si le garde national concourt à l'exécution de la loi, les fonctions de l'électeur, celles du garde national ont une source commune et tendent à un but commun.

Mais où vais-je chercher si loin mes autorités? Qu'allez-vous faire demain, pourquoi êtes-vous réunis ici? Si Salverte vivait, si votre collége était appelé encore une fois à se prononcer sur sa candidature, vos suffrages seraient-ils chancelans et la lutte incertaine? Où sont les concurrens que l'on aurait opposés à Eusèbe Salverte? que voulait-il Salverte? sur quels bancs était-il assis à la chambre? avec qui combattait-il?

à quel programme de réforme électorale s'était-il rallié? Une voix puissante a salué du dernier adieu, de l'adieu solennel la tombe de Salverte : elle vous a dit l'austère simplicité du philosophe, l'inexorable fermeté du patriote; l'inépuisable bienveillance de l'homme privé, l'exactitude laborieuse du fonctionnaire public. Cette voix vous a révélé les dernières pensées du mourant.

Elles étaient pour le pays, la liberté, l'humanité : il savait les dangers du présent, les besoins impérieux de l'avenir; il connaissait la lutte engagée entre les deux drapeaux, il avait recueilli les dernières forces de son esprit pour apprécier les deux projets de réforme, et il n'avait pas hésité à se ranger sous le drapeau du comité Laffitte. Quel suffrage plus imposant pour vous? quelle autorité plus respectable? Eh bien! Eusèbe Salverte demande aujourd'hui un exécuteur testamentaire. Je me présente en cette qualité à vos suffrages, et cependant mes concurrens sont là. Qu'ils prennent acte de mes paroles, je suis prêt à me retirer devant eux; je n'y mets qu'une condition : que l'un d'eux se porte pour exécuteur testamentaire des dernières volontés d'Eusèbe Salverte. (Bravo! bravo!)

Vous le voyez, j'obéis en quelque sorte à une nécessité en acceptant ici l'honneur de défendre le drapeau de la réforme électorale. Car encore une fois là est toute la question. Il ne s'agit pas entre nous de l'honneur de la députation. Nous voulons vous faire prononcer en connaissance de cause sur la question qui préoccupe tous les èsprits. Votre opinion exercera la plus salutaire influence sur l'opinion publique. Les hommes timides, les hommes faibles ont le droit d'être ménagés. Mais les hommes forts, les hommes courageux ont aussi le droit d'ètre compris et respectés. C'est par un heureux mélange de prudence et d'audace que vous assurerez la marche du progrès. Assez d'autres se disent conservateurs; soyez, vous, un peu du mouvement; soyez du mouvement avec la Constituante; soyez du mouvement avec Laffitte, Arago, Dupont (de l'Eure); soyez du mouvement avec Eusèbe Salverte, votre digne et immortel représentant; soyez du mouvement pour l'honneur de votre pays, pour sa gloire et surtout pour son repos; soyez du mouvement, vous qui redoutez tant les révolutions, car le seul moyen, le moyen infaillible de ne pas être exposé tout-à-coup à une longue course, c'est de marcher tous les jours un peu.

Persistez, au contraire, dans la voie où vous êtes engagés, et vous verrez si vous avez sous votre main un peuple d'esclaves dociles ; car il faut avoir le courage de le dire : celui qui se soumet à la loi qu'il n'a pas faite est un esclave. Croyez-moi : en vain vous vous déclarerez officiellement les souverains du pays, vous 200 mille censitaires; tout aussi vainement vous doublerez le nombre de ces souverains privilégiés, il y aura toujours une souveraineté supérieure à la vôtre : ce ne sera pas celle des censitaires au-dessous de 200 fr., ni des prolétaires, ce sera celle de tout le monde, celle de la nation, celle qui embrasse les grands et les petits, les riches et les pauvres, le peuple et vous, vous et le peuple. On dit que ce peuple est jaloux : on a raison. Le peuple est jaloux de l'honneur du pays, de la liberté. Toutes les fois que vous avez été menacés, vous classe moyenne, par une royauté stupide ou par une insolente aristocratie, le peuple est accouru à votre secours. Je ne veux pas réveiller des souvenirs récens pleins de tristesse, mais en 1814 la garde nationale était sur les hauteurs de Montmartre, y avait-il là seulement des électeurs? Non, il y avait là des électeurs et des non-électeurs, des propriétaires et des prolétaires; il y avait là des hommes de cœur de toutes les classes de la société ; il y avait là, je le répète, le peuple et vous, vous et le peuple. Allez donc au peuple au sein de la paix, si vous voulez qu'il vienne à vous au sein de la guerre: intéressez le peuple à l'exercice de vos droits, si vous voulez qu'il les défende quand ils seront attaqués : en un mot, élevez le peuple à vous, si vous voulez que le peuple soit digne de vous. (Bravo! bravo!)

Je vous ai exposé mes idées, non par voie de doctrine, de déduction. On fait de la doctrine et de la déduction dans les livres; on parle au cœur, on s'adresse à la conscience d'une grande assemblée. Je désire que vous m'ayez compris, je désire que vous ne vous laissiez point aller à de mauvaises préoccupations, à de sourdes calomnies : je suis tout prêt à rentrer dans mon obscurité : ce que j'ai dit, je le pense : je ne demande qu'une chose, c'est que la réforme triomphe. Si vous m'accordez vos suffrages, j'en serai fier et heureux; si je ne les obtiens pas, il sera encore doux pour moi d'avoir été choisi par mes honorables amis pour représenter devant vous le système dont ils se sont faits les défenseurs. Le succès est dans le sein de Dieu; je me repose sur la providence du triomphe de la justice et de la vérité. (Sensation prolongée.)

M. Michel se rassied.

M. LE PRÉSIDENT : Quelqu'un de messieurs les électeurs a-t-il des interpellations à adresser au candidat? (Silence.)

M. MICHEL (de Bourges) se levant :

Permettez-moi de dire quelques mots sur des questions pratiques : j'ai siégé à la chambre pendant la session de 1838. Vous savez si je m'y suis montré ami de l'ordre. J'ai fait partie de plusieurs commissions : j'ai tâché de m'éclairer ; c'était mon devoir. J'ai dit mon avis avec la timidité qui convenait à un débutant, et si vous le permettez, je m'expliquerai ici en peu de mots sur quelques-uns des points traités par les orateurs que vous venez d'entendre.

L'un de mes honorables concurrens vous a parlé du budget : je veux vous prouver que je ne songe ici ni à flatter ni à tromper. Je dirai donc que je n'ai jamais été épouvanté de l'énormité du budget. Je crois avec Montesquieu, que plus un peuple est libre, plus il peut payer d'impôts. Je ne dis pas que l'énormité de l'impôt soit un signe de liberté (on rit) ; mais je dis que l'impôt, dans un état bien gouverné, c'est la dépense nécessaire pour que chacun conserve ce qu'il a. Soyez un peuple libre ; associez le plus grand nombre de citoyens à cette liberté ; que toutes les industries s'exercent à l'abri de lois également protectrices ; chacun de vous alors augmentant nécessairement sa fortune particulière, paiera plus facilement sa quote part de l'impôt, et consacrera aux dépenses publiques une portion plus considérable de son superflu. L'impôt doit être suffisant pour faire face à toutes les nécessités du gouvernement et même à certaines dépenses de luxe, car le luxe des arts va bien à une grande nation. Mais si vous voulez augmenter les impôts d'une main et restreindre les libertés de l'autre, alors je me sépare de vous, car je perdrais des deux côtés. (Très bien! très bien!)

Quant aux chemins de fer, je croyais que le gouvernement devait les établir, je le crois encore : j'avais d'ailleurs la conviction qu'une grande partie des membres de la chambre était intéressée dans les compagnies soumissionnaires. (Mouvement.) Je fais ici appel à la conscience de nos adversaires politiques : je demande s'il est moral, sous quelque gouvernement que l'on vive, que la loi qui fixe le prix des travaux à exécuter et des marchandises à livrer soit faite par ceux qui, ayant à faire ces travaux et à fournir ces marchandises, doivent, en définitive, profiter des prix stipulés. Il faut que le législateur soit arbitre entre tous les intérêts légitimes. S'il est intéressé directement ou indirectement dans les questions dont la solution lui est demandée, honte à lui et malheur à l'état!

UN ÉLECTEUR : Je prie M. Michel de nous dire s'il serait favorable aux demandes d'hommes et d'argent que nécessiterait notre domination définitive en Afrique.

M. MICHEL (de Bourges) : Cette question me réjouit le cœur; elle est bonne, elle est opportune : elle donne l'occasion à cette assemblée toute nationale de manifester ses sentimens, et me fournit l'occasion de parler une fois de moi : ce n'est pas trop, permettez-le moi. (Rire d'approbation.)

La question d'Alger a été l'une des plus importantes de la session de 1838. Je me trouvais dans un bureau présidé par un homme auquel je n'avais pas à rendre justice quand il était puissant, mais auquel je rends justice aujourd'hui qu'un pouvoir ingrat le délaisse. Un membre de ce bureau qui sait l'Algérie par cœur, parce qu'il en a fait l'étude de toute sa vie, mais malheureusement dans un esprit défavorable à l'occupation, établit avec une grande science toutes les pertes que nos établissemens africains avaient occasionnées. Il déroula le lugubre tableau des misères de tous genres auxquelles nos colons et nos soldats étaient en proie. Il parla des médicamens, de je ne sais plus quelle quantité de quinine envoyée aux hôpitaux : il dressa l'état des malades, des mourans, des morts : c'était affligeant, je l'avoue. C'était douloureux : mais ce qui m'affligeait encore plus, ce qui m'humiliait profondément, c'était de penser que nous étions en face de l'Europe, que nous nous proclamions toujours la grande nation, et j'ose dire avec quelque raison ; que le monde entier avait tremblé sous notre main puissante et glorieuse ; de penser que cette conquête de la restauration, la France de juillet serait impuissante à la conserver, et qu'après l'avoir achetée au prix de tant d'or et de tant de sang, on voulait l'abandonner pour des motifs que je veux ignorer, que je suppose louables si l'on veut, mais qui, assurément, ne sont point en harmonie avec notre constitution civile et militaire, avec les souvenirs de notre passé, avec le pressentiment de nos futures destinées. Car nous sommes toujours les enfans des Gaulois! Il y a toujours du sang gaulois dans cette France! Et je disais : oui, le gouvernement a fait de grandes fautes à Alger; oui, nos établissemens africains sont devenus pour nous une source de ruine; oui, nous avons perdu beaucoup de soldats; mais enfin Alger est encore à nous; le drapeau national flotte encore en Afrique, l'étranger le voit; et il est ému, et il est blessé. Et quand certains étrangers sont émus, sont blessés, moi je me réjouis. (De toutes parts : Très bien! très bien!)

La passion pour la gloire militaire est tellement universelle en France, que ce jour-là de vieux conseillers d'état me serraient dans leurs bras, en me disant : voilà des sentimens que nous comprenons. Et vous, Messieurs, ne les comprendriez-vous pas? (Marques prolongées d'approbation.)

Il y avait à la chambre un homme qui sentait cela profondément; je ne dis pas qu'il y en avait deux, je ne veux pas me compter. M. Thiers voulait que le traité de la Tafna fût déchiré; je le voulais aussi : et quand je vis monter à la tribune un commissaire du roi qui proposait d'abandonner Alger, pour la première fois alors, je manquai aux habitudes parlementaires ; j'interrompis l'orateur et l'interpellai en ces termes : « Est-ce que vous parlez au nom du gouvernement? »

Ai-je besoin de compléter ma pensée en affirmant que je voterais des hommes et de l'argent pour consolider l'occupation française en Afrique ?

UN ÉLECTEUR : Je prie M. Michel (de Bourges) de nous dire quelle est la forme de gouvernement qui a ses sympathies. (Profond silence.)

M. MICHEL (de Bourges) : Je ne me placerai pas derrière les lois de septembre : ces lois, vous le savez, et probablement l'honorable interpellateur le sait aussi, punissent de la détention et de cinquante mille francs d'amende tout acte public d'adhésion à une forme de gouvernement qui n'est pas reconnue par la constitution.

Ainsi, par respect même pour de mauvaises lois, je pourrais me dispenser de répondre ; mais non, je le répète, je ne suis venu ici ni pour vous flatter ni pour vous tromper, et les suffrages des quatre cent cinquante-neuf colléges de France, tout glorieux qu'ils soient, ne valent pas d'être achetés au paix du sacrifice de mes opinions. Je ne dis donc pas ce que je suis par respect pour la loi ; mais je suis aujourd'hui ce que j'étais hier, et, si Dieu le permet, ce que je serai encore demain. (Les applaudissemens éclatent avec une nouvelle force et retentissent long-temps encore après que l'orateur a cessé de parler.)

www.ingramcontent.com/pod-product-compliance
Ingram Content Group UK Ltd.
Pitfield, Milton Keynes, MK11 3LW, UK
UKHW012254240726
13966UKWH00004B/1413